AF248175

MARS 1896

TOURNÉE DE Mᵐᵉ J. LEFÉBURE-FORTEL

CONFÉRENCES

SUR LES BIENFAITS QUE PEUVENT APPORTER

LES FEMMES FRANÇAISES

DANS NOS NOUVELLES COLONIES

MARS 1896

TOURNÉE DE Mme J. LEFÉBURE - FORTEL

CONFÉRENCES

SUR LES BIENFAITS QUE PEUVENT APPORTER

LES FEMMES FRANÇAISES

DANS NOS NOUVELLES COLONIES

DÉDICACE

A Mademoiselle Lucie Faure

Mademoiselle,

Permettez-moi de mettre sous votre haute protection ces quelques pages, qui sont le résumé du sujet que je développerai dans mes Conférences.

Plus que personne, comme Havraise, comme fille du premier dignitaire de France, surtout comme femme de lettres, possédant une instruction hors ligne et ayant abordé des sujets d'économie politique peu familiers aux femmes françaises, vous êtes à même de comprendre que je dis en tout et sur tout la vérité.

Aussi, Mademoiselle, j'ose espérer que vous serez indulgente sur la forme à cause du fond, et que vous accueillerez favorablement cette dédicace, que j'ai l'honneur de vous adresser.

Veuillez agréer, Mademoiselle, l'assurance de mes sentiments respectueux et dévoués.

J. LEFÉBURE-FORTEL.

MES CONFÉRENCES

1° Mon *origine*.

2° Ce qui m'a *fait voyager*.

3° Mes observations dans les *Colonies Etrangères*. — Le rôle qu'y jouent les *Femmes* Anglaises, Allemandes ou Hollandaises.

4° La place à prendre par la *Femme Française* ayant une certaine éducation première et des principes honnêtes, dans toutes les conditions sociales et de tous les âges, à Madagascar.

5° Ce que je vais faire à *Madagascar*.

6° Les services que j'espère y rendre à nos *Soldats* et à nos *Colons*.

Question de commerce, d'art, etc.

Combattre les deux grands ennemis des Français, les deux premiers Ministres des Hovas, Hazo et Tazo, par tous les moyens possibles :

Hazo — *Forêt* — C'est-à-dire les pièges de toutes sortes.

Tazo — *Fièvre* — Maladie qu'on peut éviter à nos Colons par un régime spécial et pallier chez nos Soldats par des soins intelligents,

Rouen, 26 Mars 1896

A MES AUDITEURS

MESSIEURS, MESDAMES,

Je ne suis point une conférencière expérimentée dans l'art de dire. Aussi je commence par implorer votre indulgence sur mon débit.

J'aurai une seule chose à mon actif, c'est que je serai « vraie ». On dit souvent :

« A beau mentir qui vient de loin. »

Moi, je suis Normande. — Ma famille maternelle peut établir sans interruption cinq siècles de droits de cité à Rouen. — Les FORTEL, de 1296 à 1789, naissaient officiers de la Monnaie tenant garnison royale dans cette ville.

Mon frère aîné, mort pendant la guerre de 1870, était le dernier des barons LEFÉBURE de Normandie. Le titre de baron avait été donné à un de mes ancêtres, gros meunier de Sahurs, avec le droit de pêche sur *toutes* les rives de la Seine, par Louis XIV, pour services personnels. — Ce titre appartenait à tous les fils aînés de la branche aînée des LEFÉBURE. — Il est donc mort avec mon frère Félix LEFÉBURE, en septembre 1870.

Mon père, né en 1797, ne porta point son titre, il se contenta d'être un grand savant ; chimiste distingué, il était le préparateur et l'élève favori du célèbre Orfila.

Qui disait savant, ne disait pas riche jadis, — aussi mon père vint échouer, avec tout son savoir et les services rendus par ses études à la science, comme pharmacien de Paris, au Bec-Hellouin, où moi j'ai été élevée.

Vous pouvez donc savoir vite que je ne suis point une aventurière.

Mon grand-père maternel, Félix FORTEL, a pris sa retraite de receveur à Bourneville (Eure), et le nom y est, je crois, encore connu dans le pays, où il est mort en 1847, et où sa veuve, ma grand'mère, et son fils, mon oncle, étaient restés jusqu'à leur mort, 1860-1869.

Le notaire de l'endroit, M. LE MARIEY, qui avait entre les mains tous les titres et papiers de la famille FORTEL, avec toutes les valeurs venant de la succession de mon oncle Pierre FORTEL, et de mon frère, disparut en 1871 à la suite des armées allemandes, nous laissant, ma mère, mes sœurs et moi, sans aucunes ressources matérielles.

Mon père étant mort, alors que j'étais encore jeune, comme c'était lui qui s'était chargé de mon instruction, elle est, depuis, restée très imparfaite.

Lors de la perte de toutes nos ressources monétaires, je n'avais moi, devenue soutien de famille, que mon talent de musicienne et une voix étendue à laquelle on reconnaissait quelque charme.

Je devins professeur de chant.

Mais trop jeune pour avoir de l'autorité, il me fallut renoncer à gagner ma vie et surtout celle des autres avec mon art, en Province.

Je partis pour Paris, et de là, après m'être heurtée à toutes les désillusions qui attendent les filles sans dot, surtout quand elles ont été élevées dans un certain milieu, je m'engageais comme professeur à l'étranger. — De pays en pays, je constatais combien le sort des femmes : Anglaises, Espagnoles, Américaines, Allemandes même, était préférable au nôtre, et cela grâce à la protection accordée par les lois de ces pays *à la femme*.

Mais, en même temps, je remarquais que la Française ne

faisait rien pour changer la face des choses et conquérir le droit d'être protégée. — Malgré l'instruction obligatoire, la Française reste « passive » et, en dehors de sa maison, des modes, ou autres futilités, la Française suit la *routine*.

Dans nos colonies, où je vivais avec des familles étrangères, je constatais aussi que la Française laissait prendre sa place trop bénévolement, ou bien, par sa nonchalance, qui l'empêchait de combattre « le mal du pays », elle décourageait son mari et le forçait à demander son retour en France, même lorsque cela nuisait à ses plus sérieux intérêts de colon ou de fonctionnaire. — Qui souffrait de cela? Les colonies. — Qui en bénéficiait? Les étrangères, qui s'implantaient chez nous, y parlaient leur idiome, y pratiquaient leur religion et arrivaient même à l'imposer !

Et moi, qui voyais tout cela croître et enlaidir, dans un pays que le climat, la végétation, la richesse, rendaient le pays rêvé, dans un pays conquis par nos soldats, défriché par nos colons, — je me disais :

Ah! si les Françaises voulaient !

Mais elles ne veulent pas, les Françaises ! et elles souffrent pourtant celles qui comme moi sont forcées à la « lutte pour la vie ».

Alors j'ai cherché le moyen de décider la femme catholique Française à combattre, elle aussi, pour affirmer nos possessions lointaines, où nos pauvres soldats souffrent plus de l'isolement que du reste, et je n'ai rien trouvé de mieux que de m'adresser à son cœur, à son patriotisme, à son orgueil national.

Voilà pourquoi je suis ici aujourd'hui, venant vous dire la « vérité » sur cette nouvelle possession conquise au prix de tant de morts, sur Madagascar.

Tout ce sang aura-t-il été versé pour que les jeunes Misses ou les fades Gretchen viennent y planter leurs tentes ? — Non, n'est-ce pas ? — Vous allez m'écouter, me comprendre, et m'aider à accomplir mon projet.

Moi, je vais partir pour Tananarive le 12 septembre prochain ; 26 jours après mon départ de Marseille, j'arrimerai à Tamatave, 3 jours après je serai à Tananarive.

Je voyagerai en paquebot de la ligne Australienne, sur lequel je trouverai tout le confort possible, où je rencontrerai des colons anglais, bien sûrement, et des officiers français. — Après 26 jours de vie commune dans un espace restreint, on est déjà en bonnes relations. A terre je serai en pays de connaissances. — Je suis très fataliste, et si je dois mourir dans l'année, certes que mon voyage et le changement de température n'avanceront pas ma mort d'une année, d'une heure, d'une minute.

Je choisis ce mois pour partir, parce que la situation australe de Madagascar fait que la saison des chaleurs caniculaires est là-bas en janvier et l'hiver en juillet. J'arriverai donc au printemps ; la chaleur n'est point extrême, et le voisinage de la mer la rend supportable.

Puis à vingt kilomètres de Tananarive il y a le Versailles de la capitale malgache, où la cour et les hauts dignitaires se rendent en novembre.

Bientôt on pourra faire de très jolies escursions, des voyages dans toute l'île, qui a 592,000 kilomètres carrés d'étendue.

Nous aurons là-bas des villes d'eaux, des bains de mer, des saisons de chasse dans les forêts, où l'animal le plus dangereux à combattre est le ombehalas, espèce de bœuf qui a une poche de graisse entre les deux épaules, appelé vulgairement *bœuf à bosse*.

Si j'ai le bonheur de convertir à mes idées quelques femmes françaises, je mets dès aujourd'hui mon expérience de la vie de voyage et des colonies à leur disposition, ainsi que mes relations ou protections officielles.

On pourra m'écrire ou venir me trouver à Rouen, où je resterai jusqu'en août et où on me trouvera à jours et heures fixés.

Les commissions ou missions dont on voudrait me prier de m'occuper je les accepterai avec plaisir, commençant ainsi mon rôle.

Les cadeaux ou pacotilles qu'on voudrait m'envoyer seront les très bien venus, et plus j'en aurai, plus nos soldats recevront de douceurs, mieux notre commerce et nos arts seront représentés.

Les lettres qu'on voudrait m'adresser là-bas, dès que je serai arrivée, recevront des réponses dans le plus bref délai.

Et certaine presse tiendra, je crois, sa promesse, en consentant à publier ma correspondance sur la situation du pays, mes impressions et mes espérances, etc.

SUJET DE MES CONFÉRENCES

(A développer suivant le milieu)

La place à prendre par la femme française, catholique, de bonne et honnête éducation première, pour combattre l'influence des ministresses anglicanes et protestantes à Madagascar, dans un pays qui est nôtre, est très tentante.

Les bienfaits que la femme française peut répandre parmi nos soldats ou nos colons, ayant pour toute distraction les Malgaches, si bien dépeints par P. Viaud, de l'Académie, dans son roman : « Le Mariage de Loti », sont immenses.

L'ignorance, la ruse et la dépravation de cette race étant poussées à l'excès, il faut réagir et apporter au plus vite les idées de la société française dans la génération actuelle de cette île. (Voir la note III : O. Reclus, *Nos Colonies*.)

Si les Françaises ne se dévouaient point à cette tâche, la place serait vite prise par les Anglaises, qui, elles, n'hésitent point devant de longs voyages pour s'implanter chez nous. Mais il faut reconnaître qu'elles n'ont pas plus hésité à partir pour leurs colonies d'Afrique, des Indes ou d'Australie, et. partout où la *famille* anglaise est apparue, la civilisation a commencé, la domination a été plus facile et les révoltes moins fréquentes,

Les officiers anglais, entourés de leurs familles, aux Indes ou en Afrique, les fonctionnaires dans les mêmes conditions, surtout aux Indes et en Australie, ont *fait du commerce* et ont accaparé, les connaissant bien, les meilleurs endroits, les meilleurs produits.

Ils ont ainsi échappé à l'invasion étrangère des Allemands, des Belges ou des gens de tous pays, qui chez nous occupent toutes les branches de l'industrie et du commerce de nos colonies.

De même pour l'éducation de ce pays neuf.

Si la femme française ne se décide pas à prendre sa place là-bas, d'ici à quelques mois il y aura des consuls anglais, allemands, espagnols, etc., etc. Les femmes de ces fonctionnaires y ouvriront des salons, y donneront des fêtes, mettront en vue les nombreuses filles des pasteurs anglais qui deviendront les fiancées de nos officiers, de nos colons, et ces derniers, abandonnés de leurs compatriotes, trouveront un charme exquis aux soins dont ils seront entourés.

Pendant ce temps-là, les familles françaises continueront à déplorer ces mariages exotiques qui nous enlèvent les plus grands noms de France, les plus beaux hommes de l'armée, laissant aux couvents, vouant au célibat les filles que l'on veut garder dans des idées arriérées de plus de cent ans, car dès le commencement du xixe siècle, est-ce que les officiers mariés ou pères de famille hésitaient à suivre l'empereur à la guerre; et sur une lettre du mari, la femme, malgré le peu de facilité des moyens de transport d'alors. hésitait-elle à le rejoindre en Egypte ou en d'autres endroits? — Mais aussi, comme les soldats étaient braves et courageux, fiers de leur

uniforme ; comme les femmes étaient belles, bonnes et orgueil-
leuses de l'amour qu'elles inspiraient !

Quelle belle génération nous a donnée cette époque !

N'y aurait-il donc pas moyen de faire jaillir l'étincelle qui
rallumera cette *furia* française et fera fuir au loin cette armée
de corbeaux et de politiciens qui attendent le moment de dévo-
rer la France, qu'ils disent « finie » mais dont ils craignent
le réveil.

Ah ! si les femmes françaises voulaient reprendre leur vrai
rôle ! Quelles belles pages elles auraient dans l'histoire future !
Quelle belle vie elles se créeraient pour le présent !

Car, moi qui ai parcouru tous les pays et tous les mondes,
je puis affirmer ici que la Française, — je parle de celle qui
garde sa dignité tout en donnant libre carrière à l'esprit enjoué
et à l'élégance de sa nature, est toujours la première partout
où elle va, mais encore faut-il qu'elle arrive décidée à vaincre
et armée de tous ses moyens.

Notez que je ne parle pas seulement de la jeune femme.

Non ! Ce qu'il faut pour nos colons, c'est la famille ; donc,
je parle de la femme à tout âge, dans toutes les conditions
sociales, depuis la grande dame ouvrant son salon et faisant
« commerce d'esprit », comme on disait jadis, jusqu'à la
repasseuse ouvrant sa boutique et lançant aux passants ses
gais refrains populaires tout en « lissant » le linge de ses
clients.

Depuis la mère de famille promenant fièrement ses mar-
mots blancs et roses, jusqu'à la fillette se faisant femme,
apportant en son désir de vivre, de plaire, ses élégantes sim-
plicités, ses coquetteries naïves, tout ce qui rend l'homme
bon, courageux et brave, car il sent que ce sont les moyens
les plus sûrs pour être aimé et choisi de celle qu'il rêve de
conquérir, de celle qui ressemble à la sœur restée au pays, et
à qui il écrira un jour : « Si tu savais, sœurette, comme on
» est heureux dans nos colonies ; viens donc nous rejoindre.
» Ma femme est un ange qui ne porte pas de modes rui-

» neuses, mais qui est jolie! et bonne! Viens, petite sœur,
» nous te marierons ici, et un jour nous enverrons nos
» enfants, *de solides gars*, rappeler notre nom dans notre pays,
» y apportant une fortune et des idées honnêtes, surtout
» l'amour de la patrie. »

Voilà ce que font les Anglais, qui ont colonisé l'Australie,
les Indes et la Côte d'or, dans des climats, qui étaient plus
meurtriers, dans des contrées incultes peuplées d'animaux
autrement féroces que ceux que l'on trouve à Madagascar.

Puis, enfin, la France est catholique. Si vous laissez nos
colons épouser des protestantes, vous savez bien que leurs
enfants seront protestants. Ne ferez-vous donc rien pour
empêcher celà? Vous qui donnez tant pour de bonnes œuvres,
ne donnerez-vous pas un peu de vous-même pour défendre la
religion de la France?

A quoi sert d'être un peuple civilisé et intelligent, si ce
n'est point par la civilisation sous toutes ses formes qu'il
cherche à agrandir ses Etats?

Je m'arrête. Je ne veux ni ne saurais parler politique ;
mais songez-y bien, mesdames, l'avenir de la France dans
nos colonies est entre vos mains. Quelle est la femme qui n'a
pas un frère, un fils, un fiancé, un ami là-bas?

Que celles qui pleurent sur un de nos braves petits soldats,
se disent que ce n'est point le climat ou même le coup de
feu qui l'a tué, mais la désespérance, l'ennui, la solitude. Il
faut vite faire que les survivants voient arriver des Françaises.

Il faut que des Françaises soient à la réception de ceux qui
viendront plus tard.

Il faut que les Malgaches de l'avenir aiment la France, et
qui leur fera aimer si ce n'est la Française?

Ai-je dit ce qu'il fallait dire pour vous convaincre? Je n'ose
l'espérer, car je ne sais pas dire. Cependant, il me semble
que vous venez de voir que c'est une vraie Française qui
vous a parlé ; mais une vraie Française qui, ayant souffert

de bien des choses, voudrait faire comprendre que le rôle de la femme devrait commencer en cette fin de siècle.

Toutes les provinciales rêvent Paris.

Paris, c'est l'enfer.

Là-bas, c'est le paradis rêvé.

La vie calme, libre, heureuse, dans un pays splendide. Le pays où on peut *vivre* de son travail.

Je vous en prie, songez-y, et ne découragez pas ceux qui sont obligés de partir.

Ne détournez pas celles qui m'ont comprises et voudront me suivre ou me rejoindre.

Laissez-moi croire que cette longue séance je ne l'ai point faite en vain, et qu'à quelques-unes de mes auditrices je puis dire : « Au revoir! A bientôt! »

Si j'insiste tant, c'est que je viens de passer une année à voir des femmes instruites, travailleuses, énergiques, user toutes ces qualités à traîner dans les bureaux, quémander un emploi auquel leurs études et leur éducation les rendaient propres.

J'ai vu des familles avoir froid, faim, manquer de tout, pendant que la seule personne de la maison qui avait les vêtements nécessaires pour se présenter, courait la ville pour trouver de l'ouvrage, ouvrage qui ne donnait pas même le pain.

Et à toutes ces malheureuses j'ai dit : — Pourquoi ne cherchez-vous pas à partir pour nos colonies ?

— Mais, me répondaient-elles, comment partir? A qui s'adresser? M. le Maire ne veut pas savoir que nous mourons de faim. M. le Préfet ne peut pas nous renseigner.

Et cela était vrai.

Alors j'ai songé à faire appel aux femmes heureuses, à celles qui n'ont point à souffrir de la vie matérielle, et je leur dis :

Venez-moi en aide dans mon œuvre. Nous rendrons tout cela aux colons, aux soldats. Donnez un peu pour les femmes qui veulent vivre honnêtement, de leur travail, mais qui n'ont point le courage de renoncer à la liberté, à la famille et de se mettre au couvent.

La France a besoin de nouveaux enfants.

Dieu a dit : Croissez et multipliez.

On peut être bonne catholique tout en étant mère de famille.

C'est, au contraire, je crois, la seule façon de rendre le prestige de notre religion que de la faire aimable et pratique.

Et de cela encore, je pourrais vous parler sciemment. Mais ça brûle et je me garderai bien de le faire.

Je vous prie encore de songer à tout ce que je vous ai dit, tant bien que mal,

Et de comprendre qu'en entr'ouvrant vos cœurs et vos bourses, aussi peu que vous le voudrez, vous ferez œuvre de Français, de chrétiens, de bonnes gens enfin.

J. Lefébure-Fortel.

NOTES

NOS COLONIES — MADAGASCAR

Par O. Reclus.

Page 337.

1644-1885.

I. — La France ne sait jamais dire : *Ceci est à moi.*

Albion soutenant, *per fas et nefas*, ses Missionnaires Anglicans, Wesleyens, Méthodistes, il n'importe, Missionnaires qui sont aussi des marchands, des hommes d'affaires, des hommes d'Etat, et la France ne soutenant pas les siens, du moins à Madagascar. L'Angleterre semble vaincre à jamais en 1869, lorsque la seconde Ranavélona fit publiquement profession de protestantisme et entraîna son peuple avec elle.

Page 403.

II. — Aucun peuple n'a dépassé l'Anglais dans l'art de faire de la religion un instrument de règne ; elle leur sert autant que servit aux Romains la loi de la Procédure.

Aux hymnes Malgaches chantées d'abord dans les Eglises le dimanche, se mêlèrent bientôt des hymnes pieuses en langue Anglaise.

Page 405.

III. — Madagascar est une ile assez grande pour se suffire à elle-même, en peuple, en houille, en bois, en fer, en navire, en obus; elle doit donc rester à jamais un peuple Européen, qui sera devenu son maître, son instituteur.

ATLAS DE GÉOGRAPHIE MODERNE

F. Schrader (Carte 19).

IV. — Madagascar, superficie 592,000 kilomètres carrés.
Population 4 millions d'habitants.

NOUVEL ATLAS des COLONIES FRANÇAISES

DRESSÉ PAR ORDRE DE L'ADMINISTRATION DES COLONIES

Par Pellet.

MADAGASCAR. — Premier établissement, 1642.

1885. Traité de Protectorat, 17 décembre.

SUPERFICIE : 592,000 kilomètres carrés.

POPULATION évaluée à 3,500,000 à 5 millions d'habitants.

VILLES PRINCIPALES : Tananarive, 150,000 habitants.
       Tamatave, 10,000 —
    —   Majunga, 6 à 7,000 —
    —   Fianarantsoa, 6,000 —

CLIMAT. — Bien que située presque toute entière dans la zône inter-tropicale, Madagascar est, par l'altitude des plateaux intérieurs, un pays tempéré.

ADMINISTRATION

Tananarive, Résident général du Protectorat.
Tamatave, Résident.
Fianarantsoa
Majunga   } Vice-Résidents.
Nossi-Né (St-Augustin)

COMMUNICATIONS

Moyens de Transport. — Messageries maritimes, deux lignes mensuelles :
1º Ligne de « l'Australie » avec annexe de Mahé à la Réunion.
Premier départ de Marseille, le 17 ; de Mahé, le 21, à la Réunion.
Traversée, 20 jours. — Trajet, 5,278 milles.

2° Ligne de la « Côte Orientale d'Afrique ».

Départ le 12 de Marseille, par Obok, Aden, Zanzibar, Mayotte, Nossi-Bé ;

Le 4, à Diezo-Suarez ; le 6, à Sainte-Marie ; le 7, à Tamatave, le 9, à la Réunion.

Traversée jusqu'à Tamatave, 26 jours. — Trajet, 6,077 milles.

La ligne annexe de la côte ouest de Madagascar, correspondant avec Nossi-Né, Majunga, etc.

Petit vapeur de Majunga à Mactatanona, 159 kilomètres de Tamatave à Tananarive, 350 à 410 kilomètres, à faire en fitacon ou en felanzane.

ROUEN. — IMP. DE LÉON BRIÈRE.

www.ingramcontent.com/pod-product-compliance
Lightning Source LLC
Chambersburg PA
CBHW071441030726
47594CB00006B/2776